Toyomi Tanaka

LA TAUPE DU JARDIN

Traduit du japonais par Rainier Lans[illegible]

ARCHIMÈDE

l'école des loisirs

11, rue de Sèvres, Paris 6e

Tiens ! Le chat vient d'attrapper quelque chose…
C'est une taupe !

La pauvre ! Elle aimerait bien retourner sous la terre,
mais le chat est plus rapide qu'elle.
Il la saisit, la tire hors de son trou…

… et s'amuse avec elle, comme
avec un jouet en caoutchouc.

Yutaka s'approche pour prendre la taupe.
Mais le chat s'enfuit en la tenant serrée
entre ses crocs.

La petite bête commence à se fatiguer.
Elle ne bouge presque plus.

Pour le chat, cela rend le jeu beaucoup moins drôle.
Yutaka a l'idée de lui jeter un bout de saucisse.
Ça marche : le chat s'éloigne et oublie la taupe.
Yutaka la ramasse.

«Regarde ! Elle est toute tiède !
Elle est encore vivante, c’est sûr ! »

Elle a le corps tout doux, recouvert d’un poil ras.
Yutaka sent sa chaleur entre ses mains.
Elle est toute palpitante, et Yutaka aussi a le cœur
qui bat. Elle a le pelage parfaitement propre,
c’est drôle pour quelqu’un qui vit dans la terre.

On décide de la garder
jusqu'à ce qu'elle soit bien remise.

On l'installe dans une caisse
avec de la terre et des feuilles mortes,
sans oublier sa nourriture : des vers
de terre.

Yutaka a souvent remarqué que la terre du jardin avait été remuée: il a l'habitude des taupinières.

En examinant avec son père le pied d'une haie, il découvre l'entrée d'une galerie.

«Comment vivent-elles sous terre, les taupes?» demande Yutaka.

Son père n'en sait pas plus que lui.

«J'ai une idée», dit-il. «Il paraît qu'à l'université voisine, il y a des chercheurs qui travaillent sur ce sujet: pourquoi n'irions-nous pas les interroger?»

Le père de Yutaka téléphone à l'université, et demande s'ils peuvent être reçus.

«Mais bien sûr!» lui répond-on. «Vous êtes les bienvenus!»

Yutaka est enchanté de cette idée.

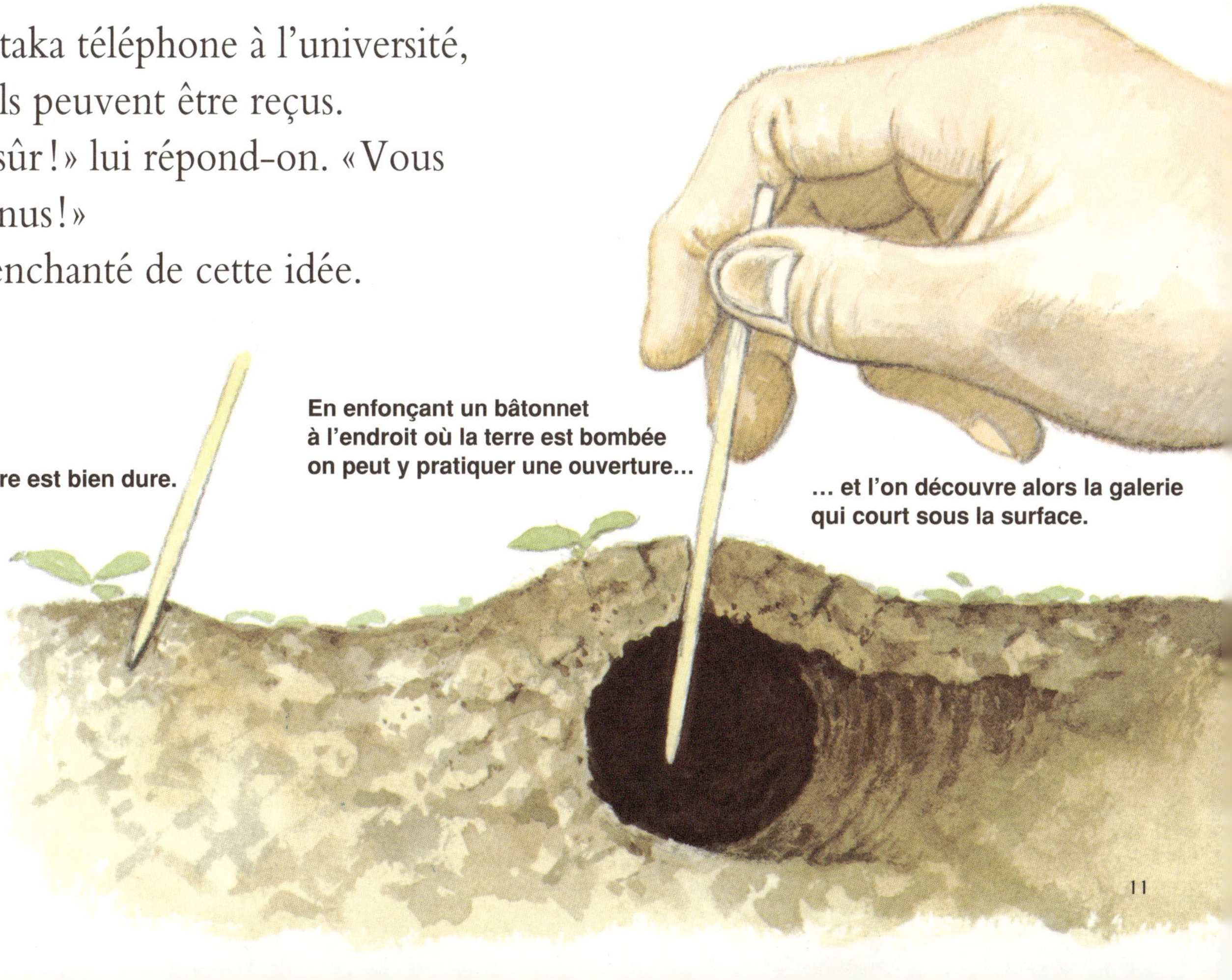

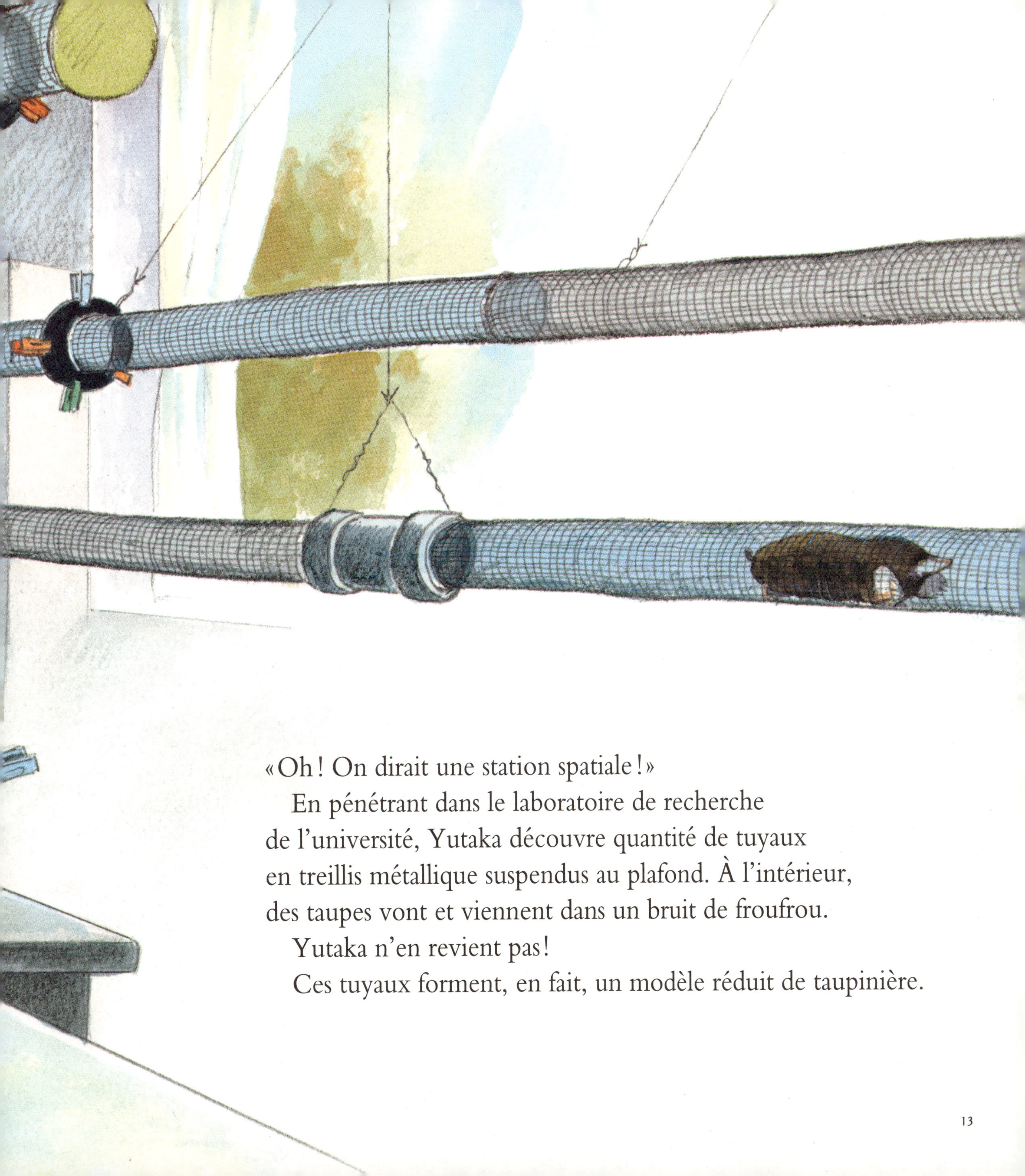

«Oh ! On dirait une station spatiale ! »

En pénétrant dans le laboratoire de recherche de l'université, Yutaka découvre quantité de tuyaux en treillis métallique suspendus au plafond. À l'intérieur, des taupes vont et viennent dans un bruit de froufrou.

Yutaka n'en revient pas !

Ces tuyaux forment, en fait, un modèle réduit de taupinière.

LA TAUPE DU LABORATOIRE

Dans les endroits les plus étroits,
elle ne peut pas faire demi-tour,
et marche parfois à reculons.

La taupe passe sa vie dans des galeries qu'elle creuse sous la terre. Avec son corps fuselé, ses membres courts, elle est bien adaptée à ce milieu de vie.

Que le réseau de treillis métallique soit ouvert à la lumière ne semble pas troubler la taupe. Les parois étroites entre lesquelles elle évolue lui procurent la même sensation que si elle se trouvait sous la terre.

La chambre à coucher
est garnie de feuilles sèches.

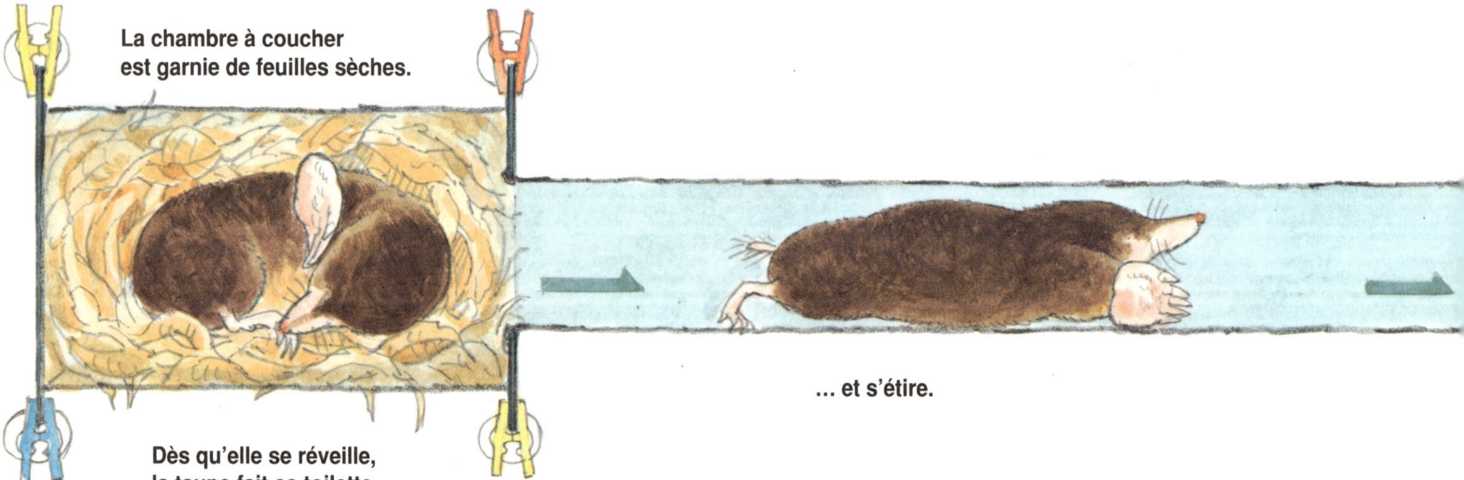

Dès qu'elle se réveille,
la taupe fait sa toilette...

... et s'étire.

LA TAUPE DANS LA TERRE
(Telle qu'on peut l'imaginer)

La taupe creuse la terre
avec ses pattes de devant.

Elle repousse la terre devant elle
pour dégager la galerie.

Ici, il est facile
de changer de direction.

Ici, ce sont les toilettes.

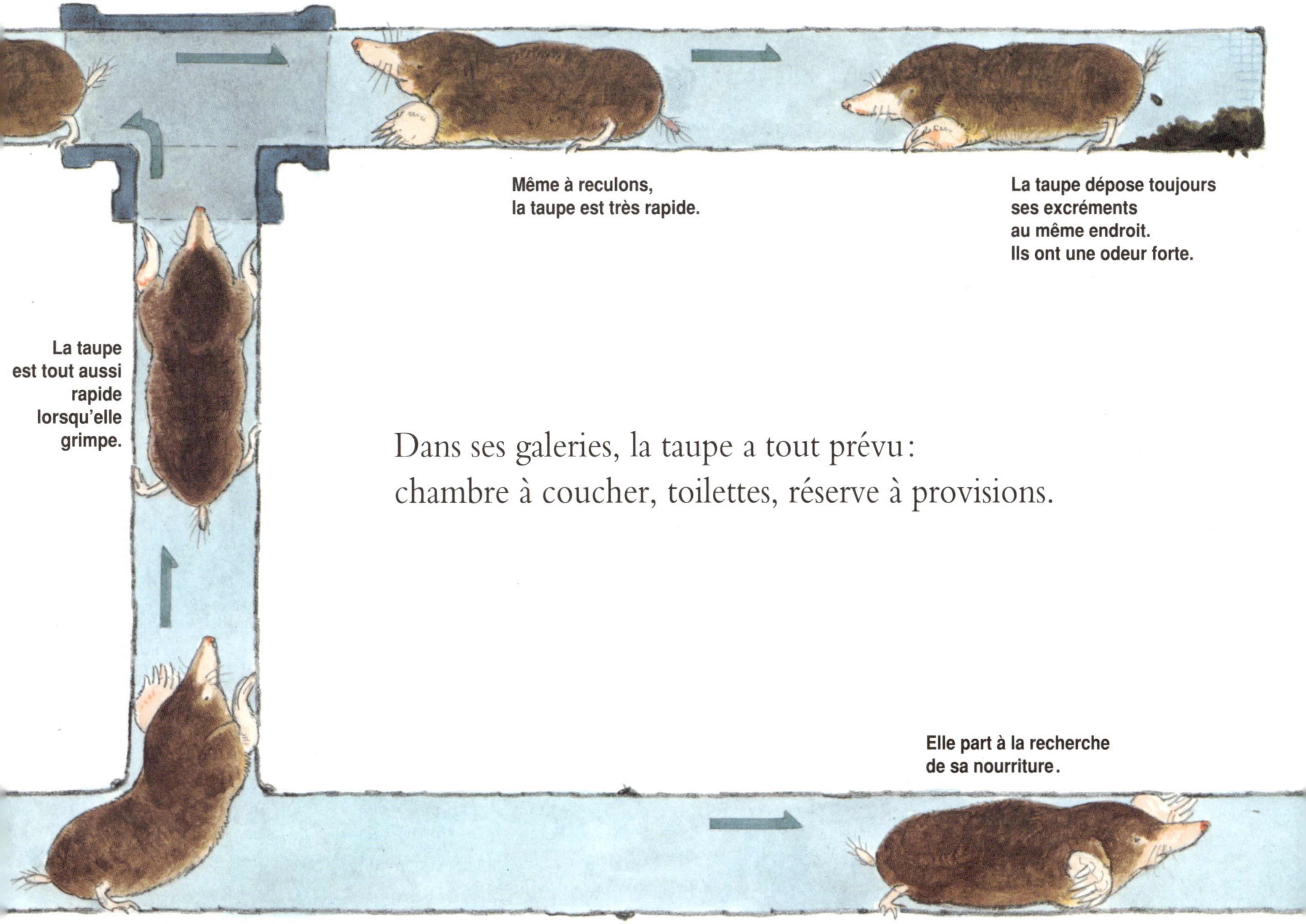

Même à reculons,
la taupe est très rapide.

La taupe dépose toujours
ses excréments
au même endroit.
Ils ont une odeur forte.

La taupe
est tout aussi
rapide
lorsqu'elle
grimpe.

Dans ses galeries, la taupe a tout prévu :
chambre à coucher, toilettes, réserve à provisions.

Elle part à la recherche
de sa nourriture.

Son corps très souple lui permet
les mouvements les plus divers.

Pour cela, elle inspecte les parois
de la galerie avec ses pattes de devant.

Elle creuse aussi de nombreuses
galeries latérales.

Certains conduits verticaux
mènent aux galeries les plus
profondes.

La taupe part à la recherche
de vers de terre.

En voici justement un.

On lui donne
un ver de farine.

Quand elle avance,
tout en passant de temps
en temps son museau
entre les mailles du grillage,
cela signifie qu'elle cherche
sa nourriture.
Mais pas avec ses yeux,
car la taupe ne voit presque pas.

La taupe consomme,
chaque jour, une telle
quantité de vers de terre,
qu'au laboratoire
on les remplace par
des vers de farine.

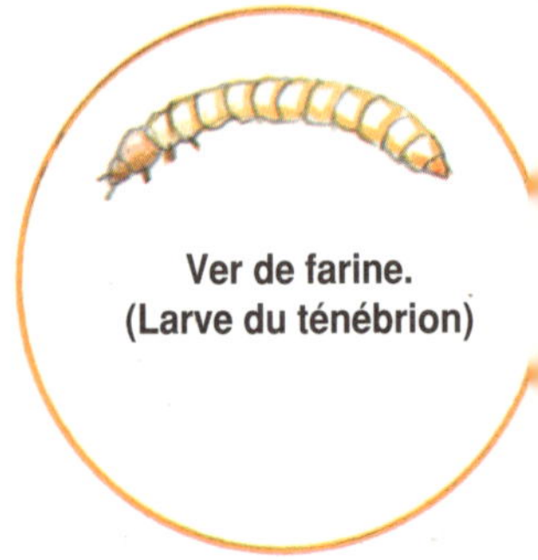

Ver de farine.
(Larve du ténébrion)

La taupe parcourt ses galeries à la recherche
des vers de terre dont elle se nourrit.
Elle en mange vingt à trente par jour.
Quand elle ne peut manger en une fois
tous ceux qu'elle vient d'attraper,
elle leur enlève la peau, de manière
à les rendre incapables de s'enfuir,
et les met en réserve, encore vivants.

LA NOURRITURE
DE LA TAUPE

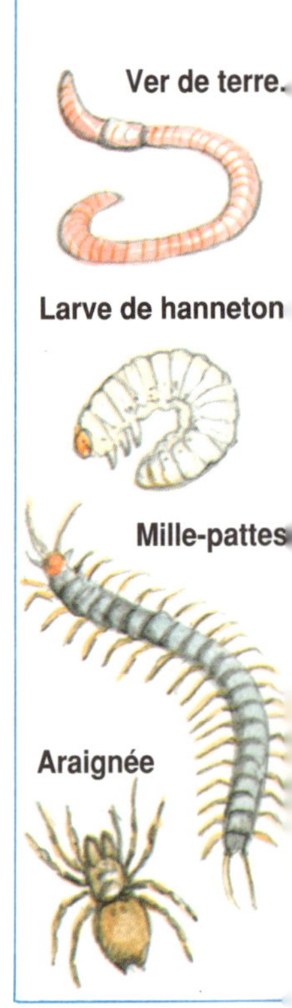

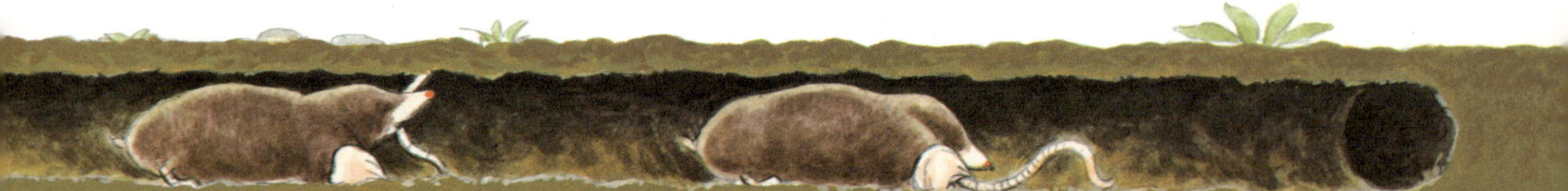

Elle le tire à elle...

... et l'avale !

Au laboratoire,
on lui donne aussi
quelquefois de vrais
vers de terre.

La taupe du laboratoire vit ainsi en captivité depuis plus d'un an.

Quand on lui donne
des feuilles sèches,
elle les transporte
jusqu'à son nid.

Pour boire,
elle descend
au réservoir
d'eau.

La taupe se repose.
Le rythme de vie de la taupe
est d'environ quatre heures
de sommeil pour quatre heures
d'activité.

De retour du laboratoire, après avoir reçu toutes ces explications, Yutaka et son père tentent de comprendre le tracé de la taupinière du jardin.

D'après les apparences, elle doit passer sous la haie, et aboutir dans le recoin où l'on entasse les feuilles mortes et les herbes coupées: là, les vers de terre sont nombreux, et la taupe a suffisamment de quoi se nourrir.

Le tertre de la taupinière est formé
par la terre que la taupe rejette au dehors
lorsqu'elle creuse ses galeries.
On en rencontre souvent au hasard des chemins
de montagne, dans la campagne, au mileu
des champs, dans les jardins publics,
ou sur les pelouses des terrains de golf.

La taupe du jardin s'est bien reposée. Elle a repris des forces.
On la met dans un bac en plastique et on lui donne des vers de terre.
Va-t-elle les manger ?

Tout à l'heure, quand il l'a sortie de la caisse où on l'avait gardée jusque-là, le père de Yutaka a été surpris par la force de ses pattes de devant. Grosses et garnies de griffes solides, elles fonctionnent comme de véritables pelles.

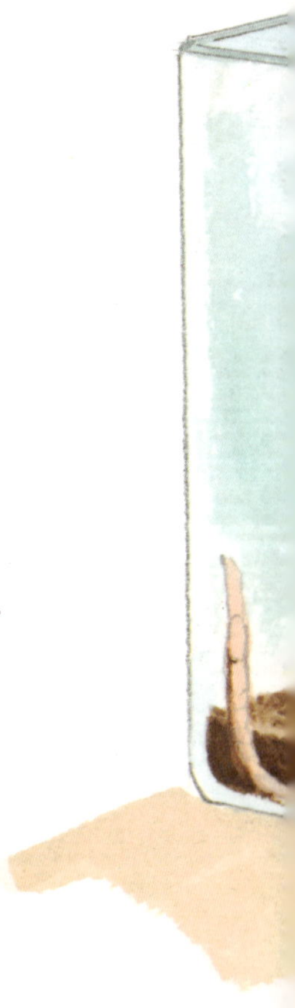

① Dans le bac, la terre est trop peu profonde
pour pouvoir creuser.

② Le ver de terre a beau se trouver à côté d'elle,
la taupe ne le remarque pas.

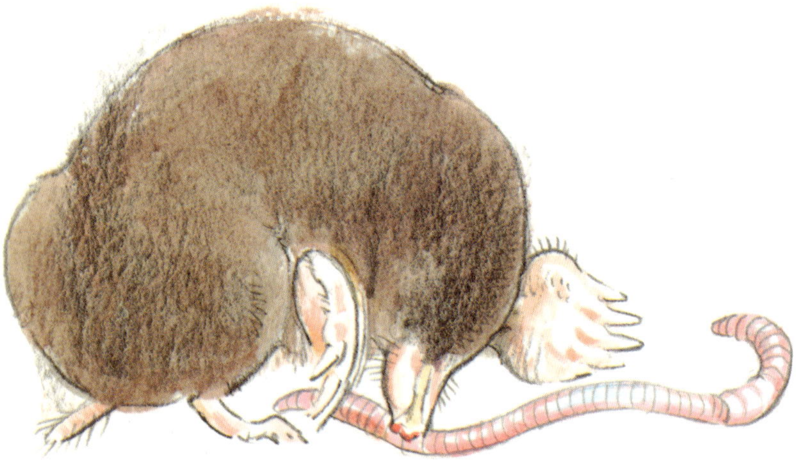

③ Il faut le poser juste devant sa gueule
pour qu'elle s'aperçoive enfin de sa présence.

④ Elle le saisit alors en un éclair.
Le ver tente de s'échapper ;
il se tortille dans tous les sens.

⑤ La taupe, qui voit très mal,
inspecte sa proie avec sa gueule.

⑥ **Tout en lui maintenant la tête…**

⑦ **… elle la presse avec sa patte de façon à la vider de la terre qu'elle contient. Elle en profite pour la nettoyer de la matière gluante qui la recouvre.**

⑧ **Quand la tête est avalée, elle procède de la même manière avec le reste du corps.**

Troublée sans doute par le terrain plat
auquel elle n'est pas habituée,
la taupe ne remarque tout d'abord pas
les vers posés à côté d'elle.
Quand enfin elle les découvre,
elle en avale trois gros presque coup
sur coup !

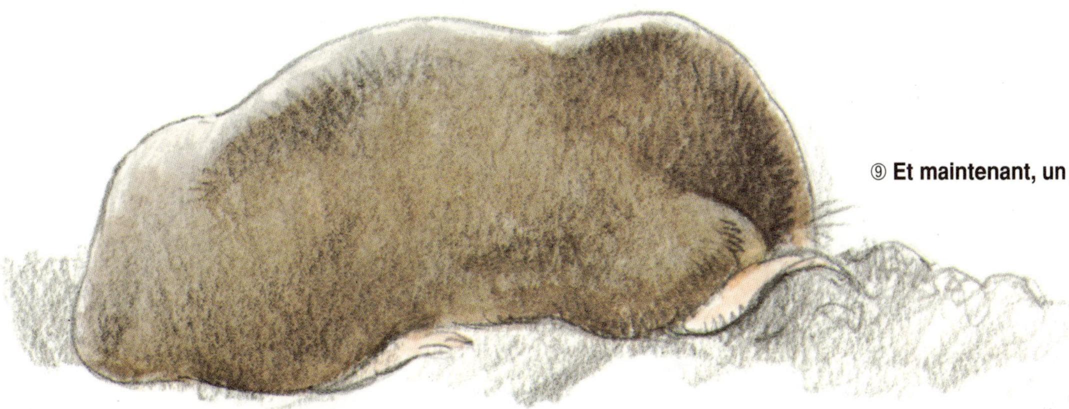

⑨ **Et maintenant, un peu de repos!**

Dans dix minutes, la taupe mangera à nouveau, puis se reposera encore. De temps en temps, avec une patte arrière, elle se gratte, ou lisse son poil.

La taupe se gratte le flanc, la tête...

... et pour se gratter le ventre, elle se met sur le dos.

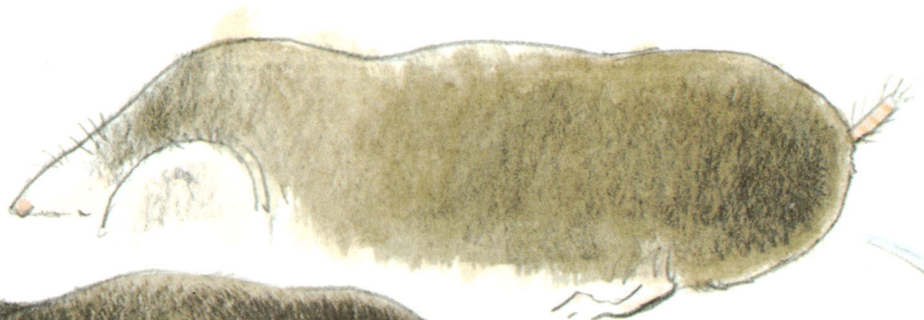

Elle fait ses besoins, petits...

... et grands...

… et après un peu de repos, reprend son repas – qui s'accompagne d'un bruit caoutchouteux.

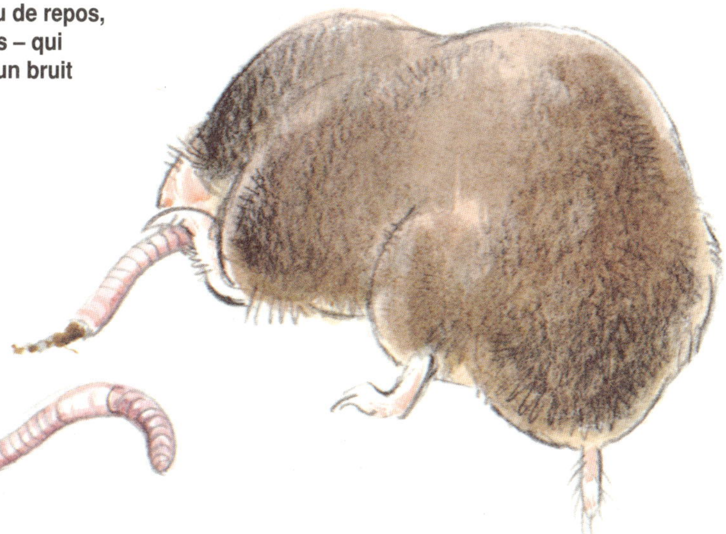

Quand elle a bien mangé, son ventre devient tout rond : pas facile pour marcher sur un terrain plat, quand on a les pattes si petites !

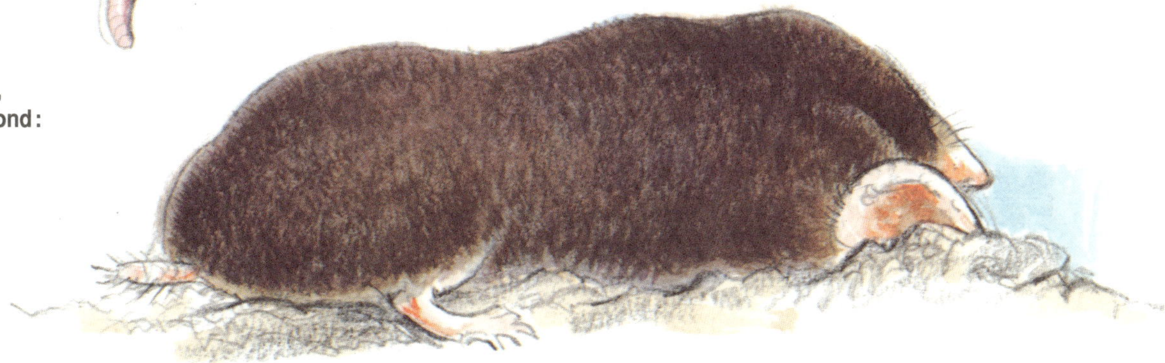

Après trois heures de ces petites activités,
l'envie de dormir commence à se faire sentir.
La taupe se met alors en boule.

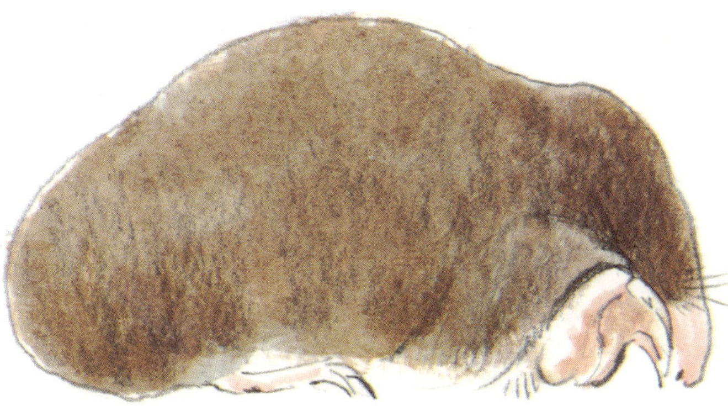

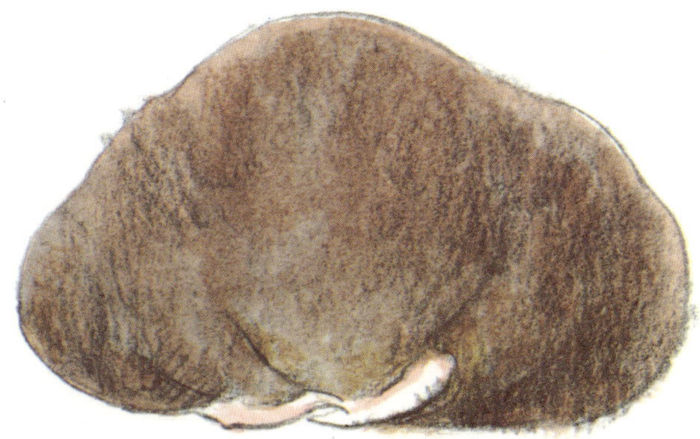

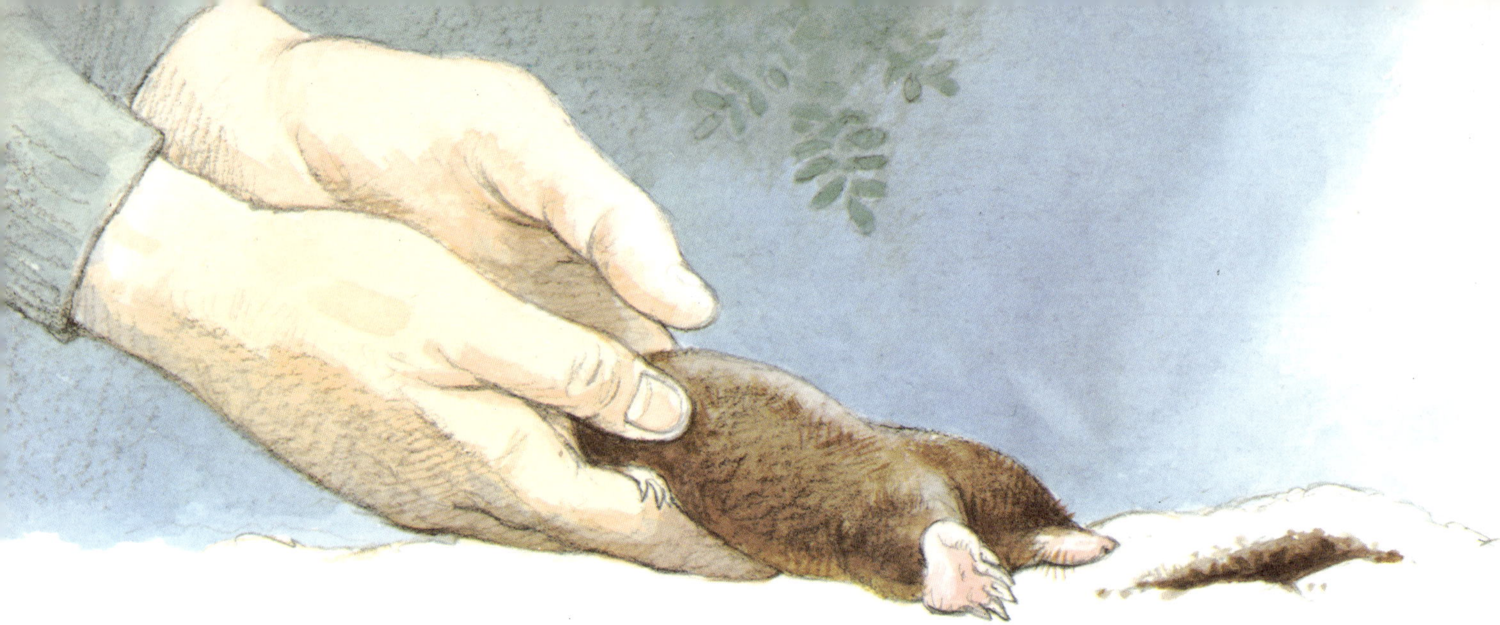

Le soir est venu.

On décide de remettre la taupe à l'entrée de la taupinière.

Yutaka aurait bien aimé la garder chez lui pour l'élever; mais, dans une petite boîte, comment aurait-il fait pour lui installer une chambre à coucher avec des toilettes? Et puis, il a eu plaisir à la toucher et à la regarder, mais la taupe, elle, qu'en pensait-elle?

C'est avec un peu de regret que Yutaka regarde le petit derrière dodu, garni de son petit bout de queue, disparaître tout au fond du terrier.